Impressum
Verlag: BABADADA GmbH, Nedderfeld 112 , 22529 Hamburg
Geschäftsführer / Verlagsleitung: Harald Hof
Druck: Books on Demand GmbH, In de Tarpen 42, 22848 Norderstedt

Imprint
Publisher: BABADADA GmbH, Nedderfeld 112 , 22529 Hamburg, Germany
Managing Director / Publishing direction: Harald Hof
Print: Books on Demand GmbH, In de Tarpen 42, 22848 Norderstedt, Germany

школа

escuela

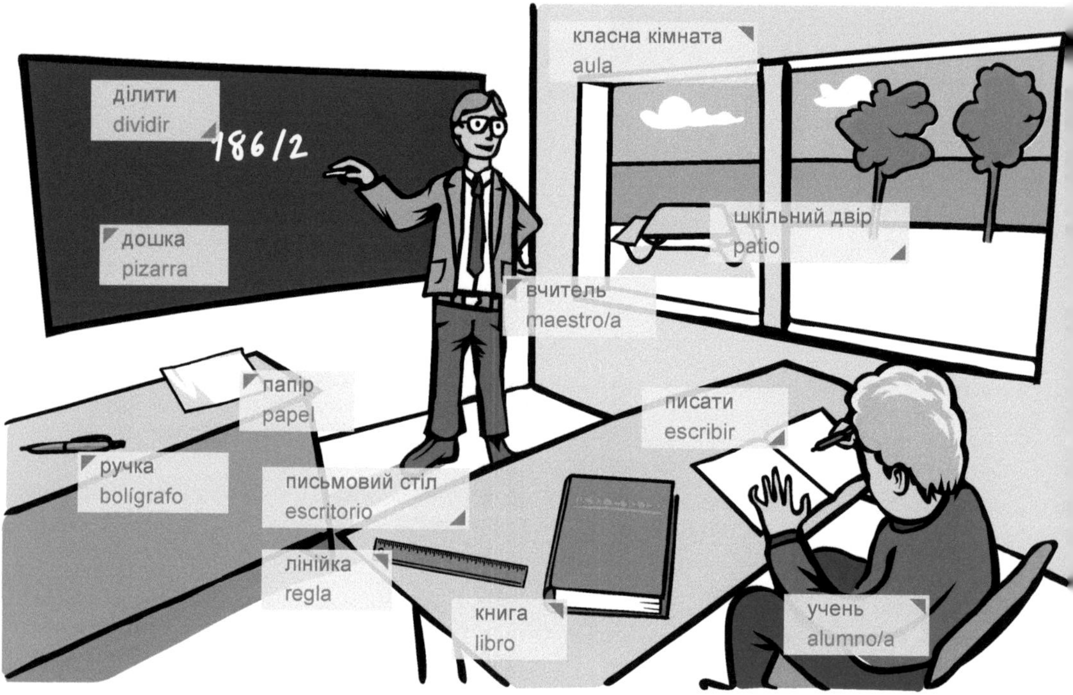

класна кімната
aula
ділити
dividir
186/2
шкільний двір
patio
дошка
pizarra
вчитель
maestro/a
папір
papel
писати
escribir
ручка
bolígrafo
письмовий стіл
escritorio
лінійка
regla
книга
libro
учень
alumno/a

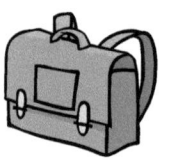

ранець

cartera

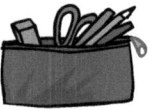

пенал

caja de lápices

олівець

lápiz

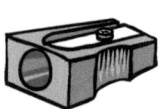

точило

sacapuntas

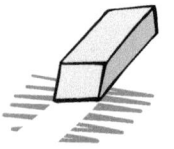

гумка

goma de borrar

альбом для малювання

cuaderno de dibujo

малюнок

dibujo

пензель

pincel

коробка фарб

caja de pinturas

ножиці

tijeras

клей

pegamento

зошит

cuaderno de ejercicios

домашнє завдання

deberes

число

número

додавати

sumar

віднімати

restar

множити

multiplicar

рахувати

calcular

літера

letra

абетка

alfabeto

слово

palabra

текст

texto

читати

leer

крейда

tiza

година

lección

класний журнал

cuaderno de notas

екзамен

examen

диплом

certificado

шкільна форма

uniforme escolar

освіта

educación

лексикон

enciclopedia

університет

universidad

мікроскоп

microscopio

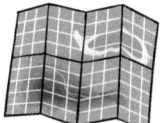

карта

mapa

кошик для паперу

papelera

подорож

viaje

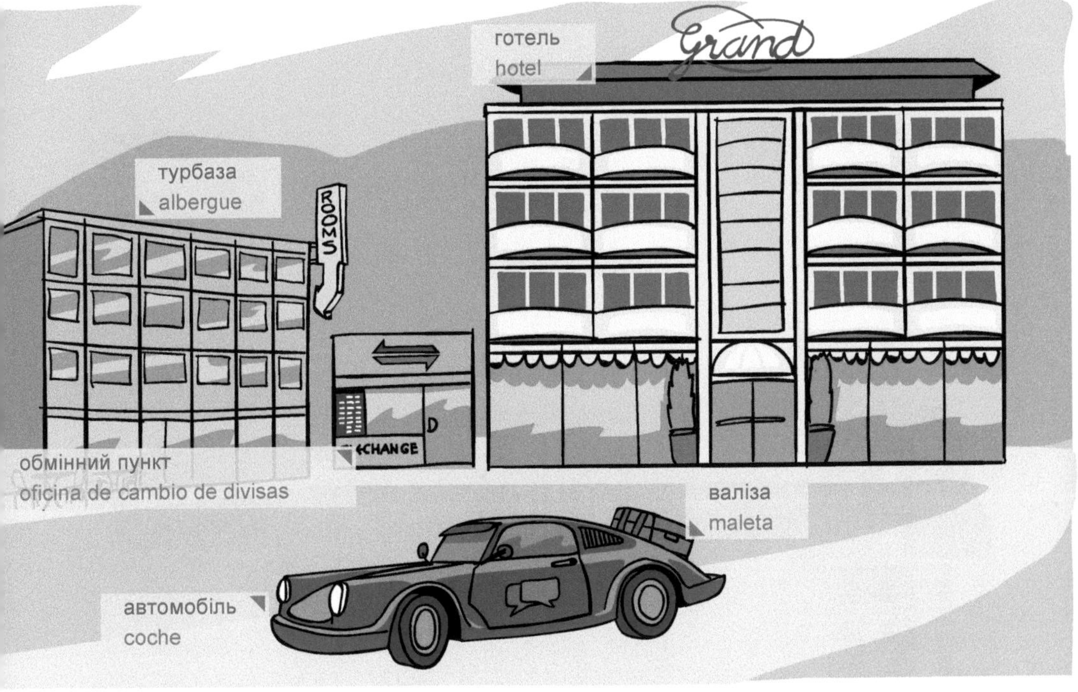

готель
hotel
Grand
турбаза
albergue
ROOMS
обмінний пункт
oficina de cambio de divisas
EXCHANGE
валіза
maleta
автомобіль
coche

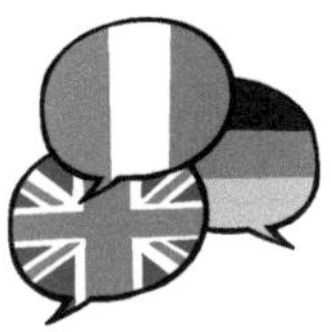

мова

idioma

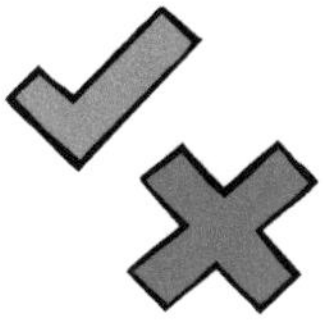

так / ні

sí / no

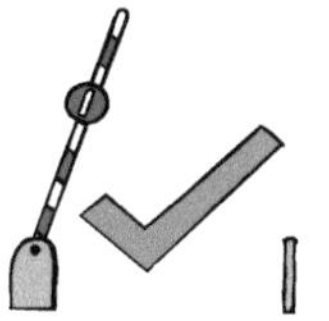

добре

Vale

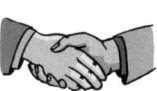

привіт

hola

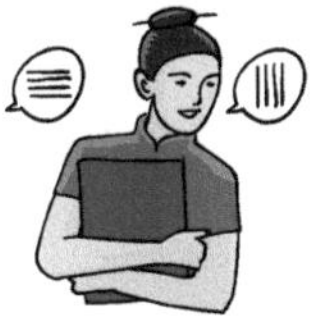

перекладач

traductor

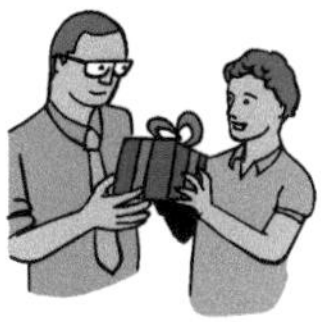

дякую

Gracias

Скільки коштує ...?

¿cuánto es...?

Я не розумію

No entiendo

проблема

problema

Добрий вечір!

¡Buenas tardes!

Доброго ранку!

¡Buenos días!

На добраніч!

¡Buenas noches!

До побачення

adiós

напрямок

dirección

багаж

equipaje

сумка

bolsa

рюкзак

mochila

гість

invitado

кімната

habitación

спальний мішок

saco de dormir

намет

tienda de campaña

туристична інформація

información turística

пляж

playa

кредитна картка

tarjeta de crédito

сніданок

desayuno

обід

almuerzo

вечеря

cena

квиток

billete

ліфт

ascensor

поштова марка

sello

межа

frontera

митниця

aduana

посольство

embajada

віза

visa

паспорт

pasaporte

транспорт
transporte

корабель
barco

літак
avión

пожежна машина
coche de bomberos

автобус
autobús

вантажний автомобіль
camión

моторний човен
lancha a motor

автомобіль
coche

велосипед
bicicleta

пором

transbordador

човен

barca

мотоцикл

moto

поліцейська машина

coche de policía

гоночний автомобіль

coche de carreras

автомобіль на прокат

coche de alquiler

пільне користування авто

préstamo de vehículos

евакуатор

grúa

сміттєвоз

camión de la basura

двигун

motor

паливо

gasolina

автозаправна станція

gasolinera

дорожній знак

señal de tráfico

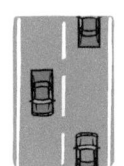

рух

tráfico

затор

atasco

стоянка

aparcamiento

вокзал

estación de tren

рейки

vías

потяг

tren

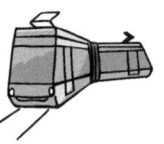

трамвай

tranvía

вагон

vagón

гелікоптер

helicóptero

аеропорт

aeropuerto

вежа

torre

пасажир

pasajero

контейнер

contenedor

коробка

caja de cartón

візок

carretilla

кошик

cesta

стартувати / приземлятися

despegar / aterrizar

місто

ciudad

село

pueblo

центр міста

centro de ciudad

дім

casa

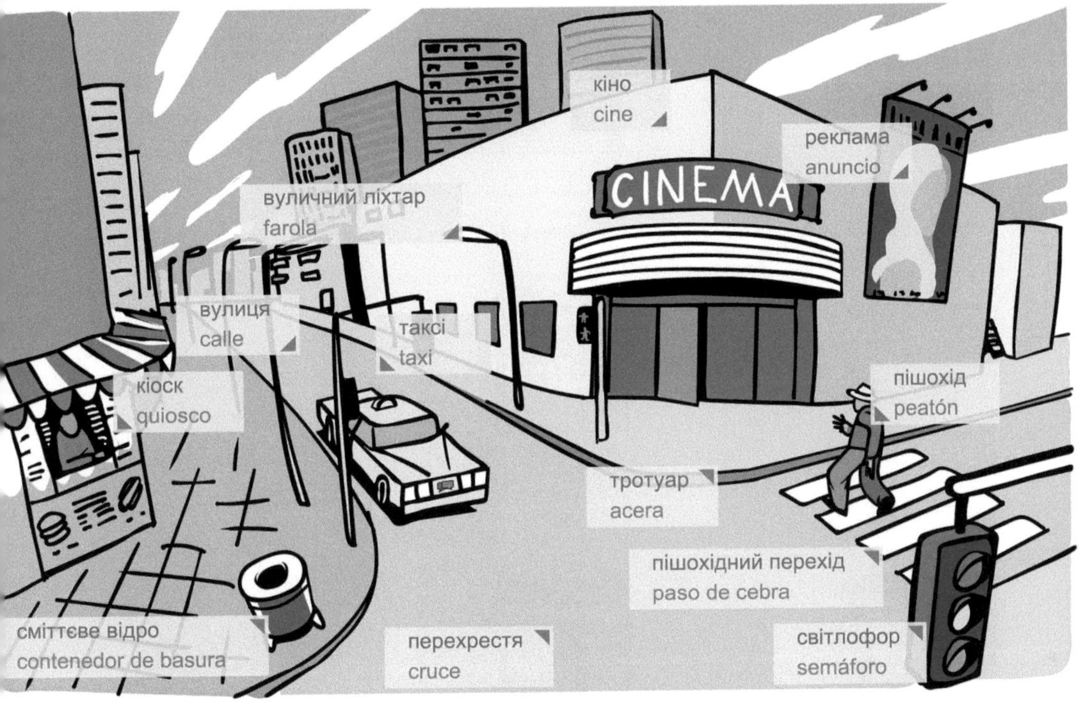

кіно
cine

реклама
anuncio

вуличний ліхтар
farola

CINEMA

вулиця
calle

таксі
taxi

пішохід
peatón

кіоск
quiosco

тротуар
acera

сміттєве відро
contenedor de basura

пішохідний перехід
paso de cebra

перехрестя
cruce

світлофор
semáforo

хатина
....
cabaña

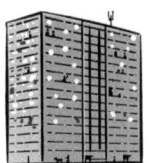

квартира
....
apartamento

вокзал
....
estación de tren

ратуша
....
ayuntamiento

музей
....
museo

школа
....
escuela

університет

universidad

банк

banco

лікарня

hospital

готель

hotel

аптека

farmacia

офіс

oficina

книжковий магазин

librería

магазин

tienda

квітковий магазин

floristería

супермаркет

supermercado

ринок

mercado

універмаг

grandes almacenes

торговець рибою

pescadería

торговельний центр

centro comercial

гавань

puerto

парк

parque

лава

banco

міст

puente

сходи

escaleras

метро

metro

тунель

túnel

автобусна зупинка

parada de autobús

бар

bar

ресторан

restaurante

поштова скринька

buzón

вулична табличка

poste indicador

лічильник паркування

parquímetro

зоопарк

zoo

басейн

piscina

мечеть

mezquita

місто - ciudad

ферма
granja

забруднення навколишнього середовища
contaminación

кладовище
cementerio

церква
iglesia

дитячий майданчик
patio de juego

храм
templo

ландшафт
paisaje

листок
hoja

вказівний стовп
señal

шлях
camino

луг
prado

камінь
piedra

мандрівник
excursionista

дерево
árbol

річка
río

трава
hierba

квітка
flor

долина
valle

гора
colina

озеро
lago

ліс
bosque

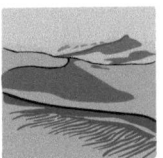

пустеля
desierto

вулкан
volcán

замок
castillo

веселка
arcoíris

гриб
champiñón

пальма
palmera

комар
mosquito

муха
mosca

мурашка
hormiga

бджола
abeja

павук
araña

жук

escarabajo

жаба

rana

вивірка

ardilla

їжак

erizo

заєць

liebre

сова

lechuza

птах

pájaro

лебідь

cisne

кабан

jabalí

олень

ciervo

лось

alce

гребля

presa

вітряк

turbina eólica

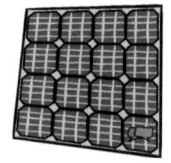

сонячний модуль

panel solar

клімат

clima

ресторан
restaurante

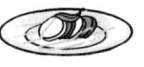

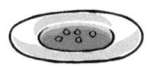

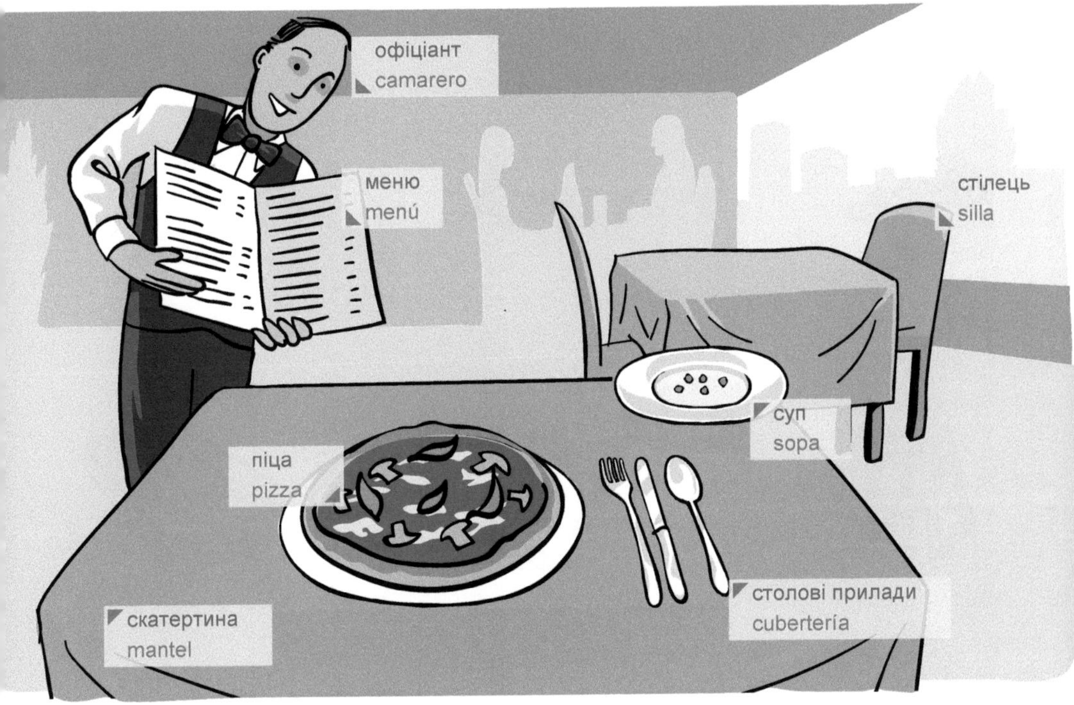
офіціант
camarero
меню
menú
стілець
silla
суп
sopa
піца
pizza
столові прилади
cubertería
скатертина
mantel

закуска

primer plato

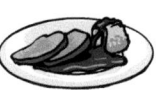

друга страва

plato principal

десерт

postre

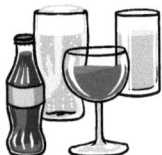

напої

bebidas

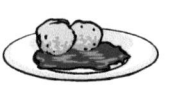

їжа

comida

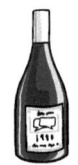

пляшка

botella

фаст-фуд

comida rápida

вулична їжа

comida callejera

чайник

tetera

цукорниця

azucarero

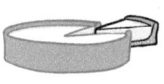

порція

porción

еспресо-машина

cafetera expreso

високий стільчик

trona

рахунок

cuenta

піднос

bandeja

ніж

cuchillo

вилка

tenedor

ложка

cuchara

чайна ложка

cucharilla

серветка

servilleta

склянка

vaso

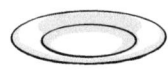

тарілка

plato

тарілка для супу

plato hondo

блюдце

platillo

соус

salsa

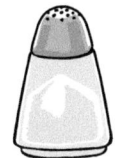

солонка

salero

млин для перцю

molinillo de pimienta

оцет

vinagre

масло

aceite

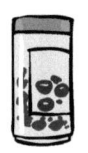

спеції

especias

кетчуп

ketchup

гірчиця

mostaza

майонез

mayonesa

супермаркет
supermercado

пропозиція
oferta especial
FOR
клієнт
cliente
молочні продукти
lácteos
фрукти
fruta
візок для покупок
carro de la compra

BUTCHERS

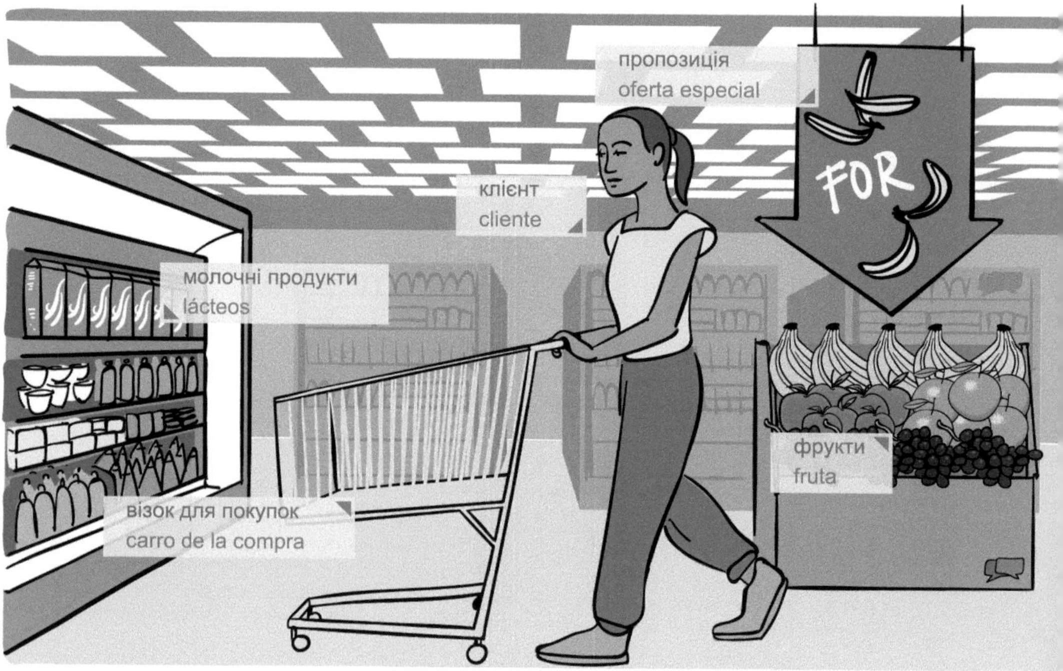

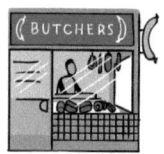

м'ясний магазин

carnicería

BAKERY

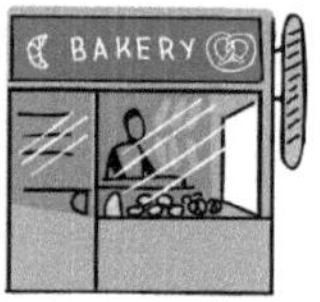

пекарня

panadería

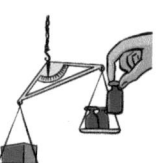

зважувати

pesar

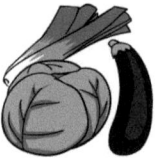

овочі

verduras

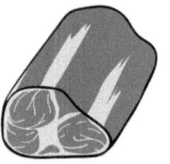

м'ясо

carne

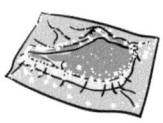

заморожені продукти

alimentos congelados

ковбасна нарізка

fiambres

консерви

conservas

пральний порошок

detergente en polvo

солодощі

dulces

предмети домашнього побуту

productos de uso doméstico

мийний засіб

productos de limpieza

продавщиця

vendedora

каса

caja

касир

cajero

список покупок

lista de la compra

часи роботи

horario de atención al público

гаманець

cartera

кредитна картка

tarjeta de crédito

сумка

bolsa

поліетиленовий пакет

bolsa de plástico

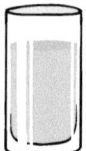

вода

agua

сік

zumo

молоко

leche

кола

cola

вино

vino

пиво

cerveza

алкоголь

alcohol

какао

cacao

чай

té

кава

café

еспресо

expreso

капучіно

capuchino

банан

plátano

яблуко

manzana

апельсин

naranja

кавун

melón

лимон

limón

морква

zanahoria

часник

ajo

бамбук

bambú

цибуля

cebolla

гриб

champiñón

горішки

avellanas

локшина

fideos

спагеті

espagueti

рис

arroz

салат

ensalada

картопля фрі

patatas fritas

смажена картопля

patatas fritas

піца

pizza

гамбургер

hamburguesa

бутерброд

sándwich

шніцель

filete

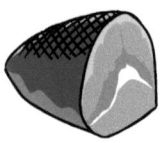

шинка

jamón

салямі

salami

ковбаса

salchicha

курка

pollo

печеня

asado

риба

pescado

вівсяні пластівці

copos de avena

мюслі

muesli

кукурудзяні пластівці

copos de maíz

борошно

harina

круасан

cruasán

булочка

panecillo

хліб

pan

тостовий хліб

tostada

печиво

galletas

масло

mantequilla

сир

cuajada

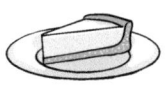

пиріг

pastel

яйце

huevo

яєчня

huevo frito

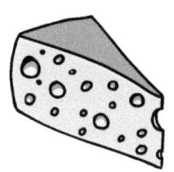

сир

queso

морозиво

helado

цукор

azúcar

мед

miel

мармелад

mermelada

нуга-крем

crema de turrón

карі

curry

ферма
granja

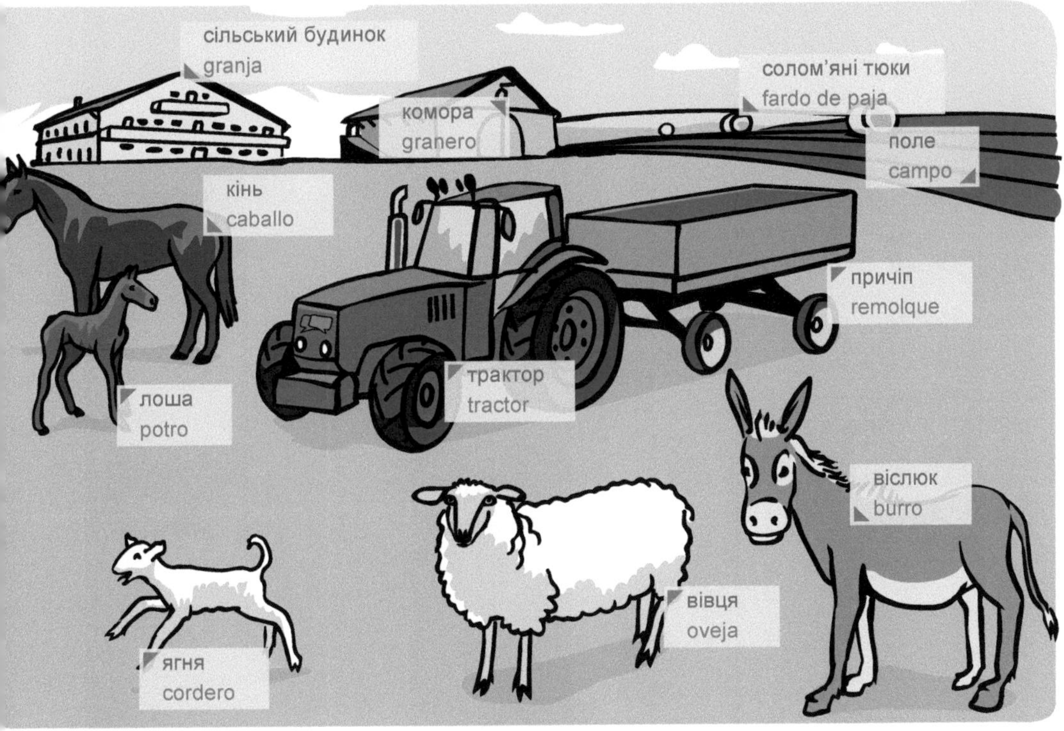

сільський будинок
granja
солом'яні тюки
fardo de paja
комора
granero
поле
campo
кінь
caballo
причіп
remolque
трактор
tractor
лоша
potro
віслюк
burro
вівця
oveja
ягня
cordero

коза

cabra

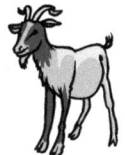

корова

vaca

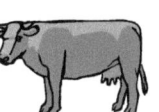

теля

ternero

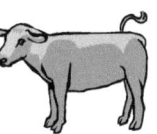

свиня

cerdo

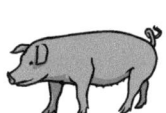

порося

cerdito

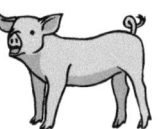

бик

toro

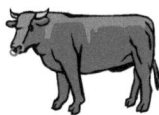

гусак

ganso

качка

pato

курча

pollo

курка

gallina

півень

gallo

щур

rata

кіт

gato

миша

ratón

віл

buey

собака

perro

собача будка

perrera

садовий шланг

manguera

лійка

regadera

коса

guadaña

плуг

arado

серп

hoz

мотика

azada

вила

horca

сокира

hacha

тачка

carretilla

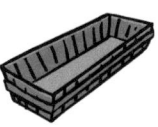

корито

abrevadero

бідон молока

lechera

мішок

saco

паркан

valla

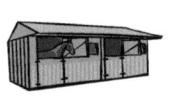

хлів

establo

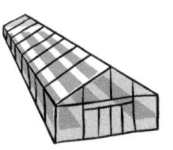

теплиця

invernadero

ґрунт

suelo

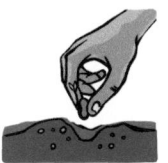

насіння

semilla

добриво

fertilizador

комбайн

cosechadora

пожинати

cosechar

урожай

cosecha

корінь ямсу

ñame

пшениця

trigo

соя

soja

картопля

patata

кукурудза

maíz

ріпак

semilla de colza

плодове дерево

árbol frutal

маніок

mandioca

злаки

cereales

дім

casa

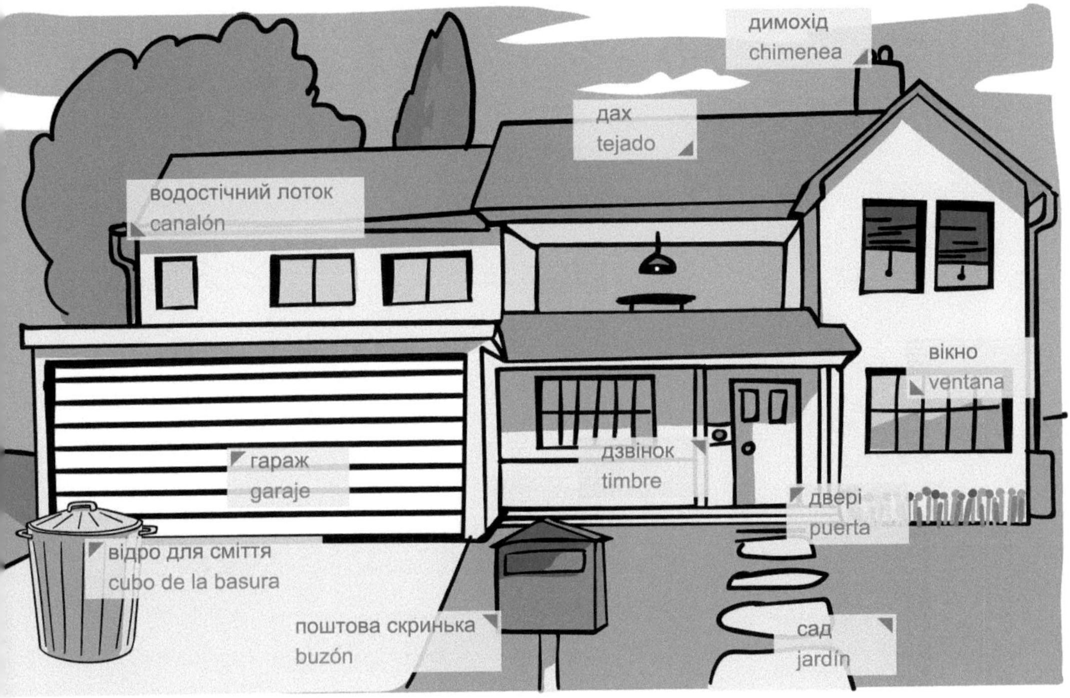

димохід
chimenea
дах
tejado
водостічний лоток
canalón
вікно
ventana
гараж
garaje
дзвінок
timbre
двері
puerta
відро для сміття
cubo de la basura
поштова скринька
buzón
сад
jardín

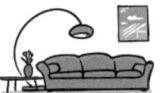

вітальня

sala

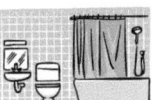

ванна кімната

cuarto de baño

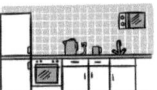

кухня

cocina

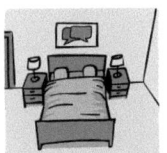

спальня

dormitorio

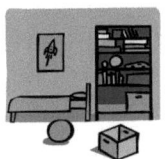

дитяча кімната

habitación de los niños

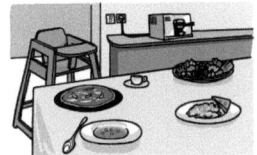

їдальня

comedor

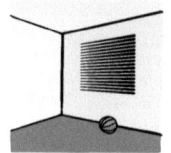

підлога

suelo

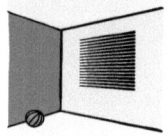

стіна

pared

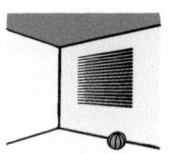

стеля

techo

підвал

sótano

сауна

sauna

балкон

balcón

тераса

terraza

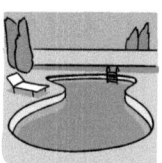

басейн

piscina

косарка

cortacésped

простирало

sábana

ковдра

colcha

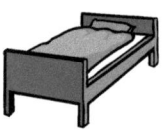

ліжко

cama

мітла

escoba

відро

balde

перемикач

interruptor

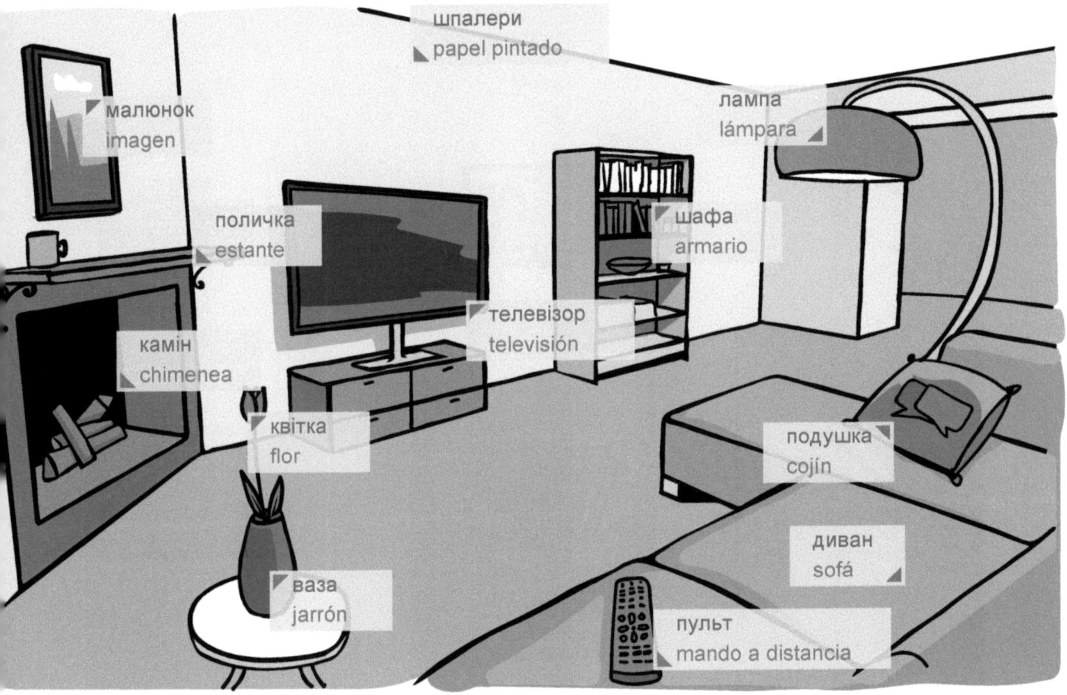

шпалери
papel pintado

малюнок
imagen

лампа
lámpara

поличка
estante

шафа
armario

камін
chimenea

телевізор
televisión

квітка
flor

подушка
cojín

диван
sofá

ваза
jarrón

пульт
mando a distancia

килим
alfombra

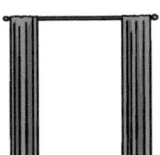

завіса
cortina

стіл
mesa

стілець
silla

крісло-гойдалка
mecedora

крісло
butaca

книга

libro

ковдра

manta

прикраса

decoración

дрова

leña

фільм

película

стереосистема

equipo de música

ключ

llave

газета

periódico

картина

pintura

плакат

póster

радіо

radio

блокнот

cuaderno

пилосос

aspiradora

кактус

cactus

свічка

vela

вітальня - sala

кухня

cocina

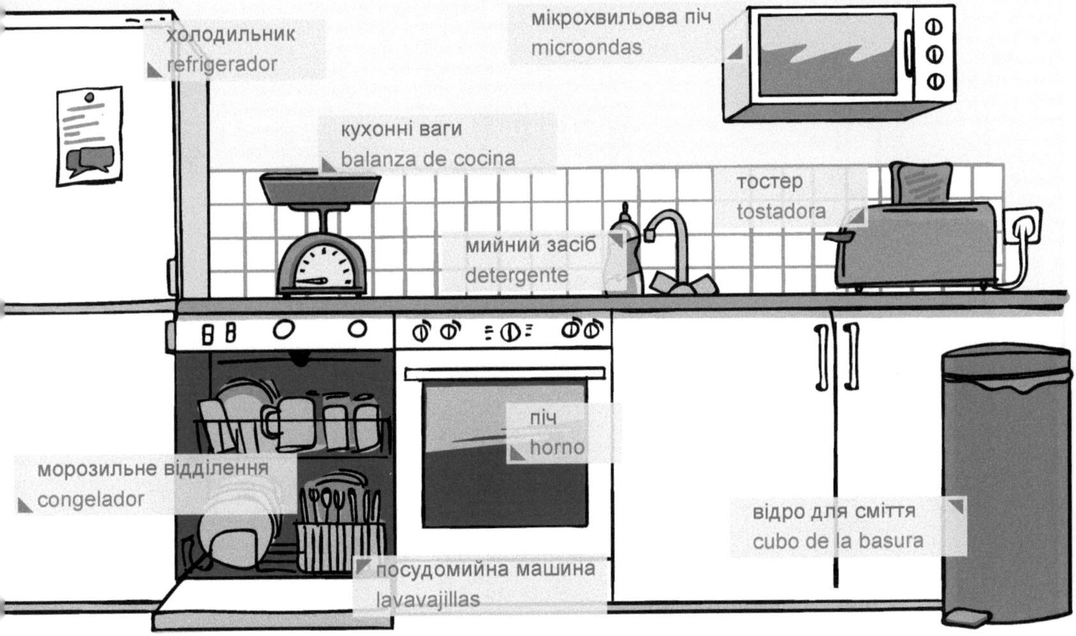
холодильник
refrigerador
мікрохвильова піч
microondas
кухонні ваги
balanza de cocina
тостер
tostadora
мийний засіб
detergente
піч
horno
морозильне відділення
congelador
відро для сміття
cubo de la basura
посудомийна машина
lavavajillas

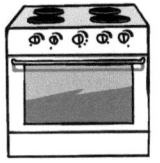

плита

olla a presión

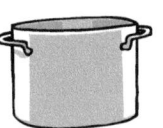

горщик

olla

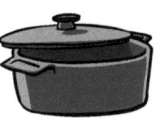

чавунний горщик

olla de hierro fundido

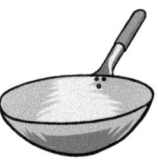

вок / кадай

wok / karahi

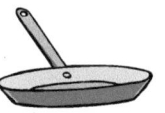

сковорода

cazuela

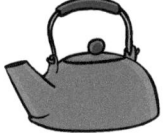

чайник

hervidor

пароварка

vaporera

лист

chapa de horno

посуд

vajilla

кухоль

taza

чаша

tazón

палички для їжі

palillos

черпак

cucharón

лопатка

espumadera

вінчик для збивання

batidor

сито

colador

сито

cedazo

терка

rallador

ступка

mortero

барбекю

barbacoa

багаття

hoguera

дошка

tabla de picar

качалка

rodillo

штопор

sacacorchos

конзерва

lata

відкривачка

abrelatas

прихватки

agarrador

раковина

lavabo

щітка

cepillo

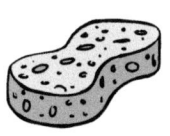

губка

esponja

міксер

batidora

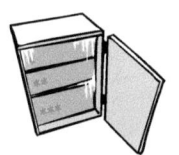

морозильна камера

congelador

дитяча пляшка

biberón

кран

grifo

ванна кімната

cuarto de baño

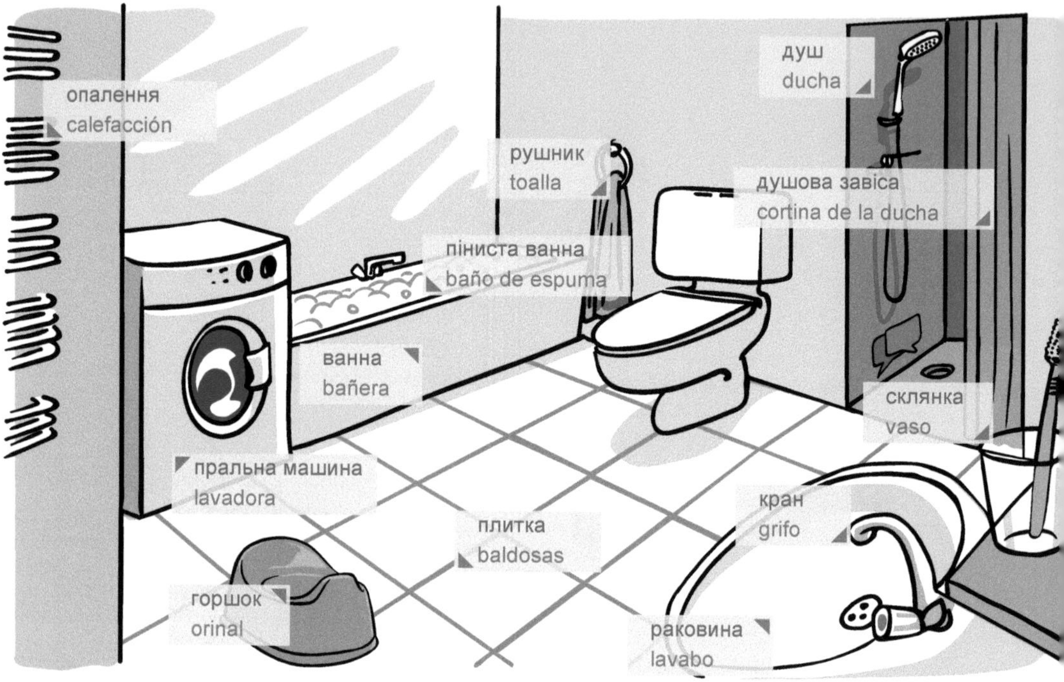

опалення
calefacción
душ
ducha
рушник
toalla
душова завіса
cortina de la ducha
піниста ванна
baño de espuma
ванна
bañera
склянка
vaso
пральна машина
lavadora
кран
grifo
плитка
baldosas
горшок
orinal
раковина
lavabo

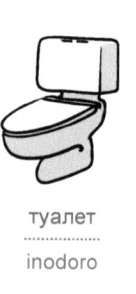

туалет

inodoro

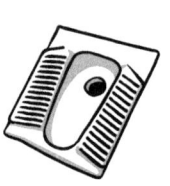

підлоговий туалет

inodoro rústico

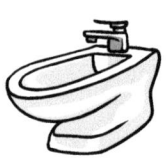

біде

bidé

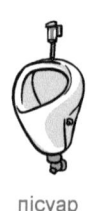

пісуар

urinario

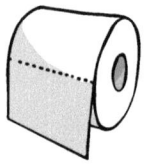

туалетний папір

papel higiénico

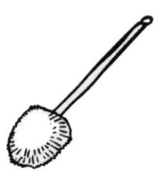

щітка для туалету

escobilla del váter

зубна щітка

cepillo de dientes

зубна паста

pasta de dientes

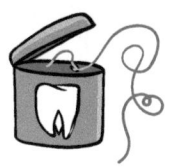

нитка для чищення зубів

hilo dental

мити

lavar

ручний душ

ducha de mano

інтимний душ

ducha íntima

таз

pila

щітка для спини

cepillo de espalda

мило

jabón

гель для душу

gel de ducha

шампунь

champú

мочалка

toallita

водостік

desagüe

крем

crema

дезодорант

desodorante

дзеркало

espejo

космептичне дзеркало

espejo de tocador

бритва

maquinilla de afeitar

піна для гоління

espuma de afeitar

лосьйон після гоління

loción postafeitado

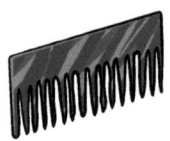

гребінь

peine

щітка

cepillo

фен

secador

лак для волосся

laca

косметика

maquillaje

губна помада

pintalabios

лак для нігтів

pintauñas

вата

algodón

ножиці для нігтів

cortauñas

парфум

perfume

косметичка

estuche de viaje

табурет

banqueta

ваги

balanza

халат

albornoz

гумові рукавички

guantes de goma

тампон

tampón

гігієнічні прокладки

compresa

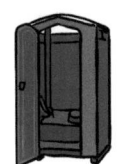

біотуалет

inodoro químico

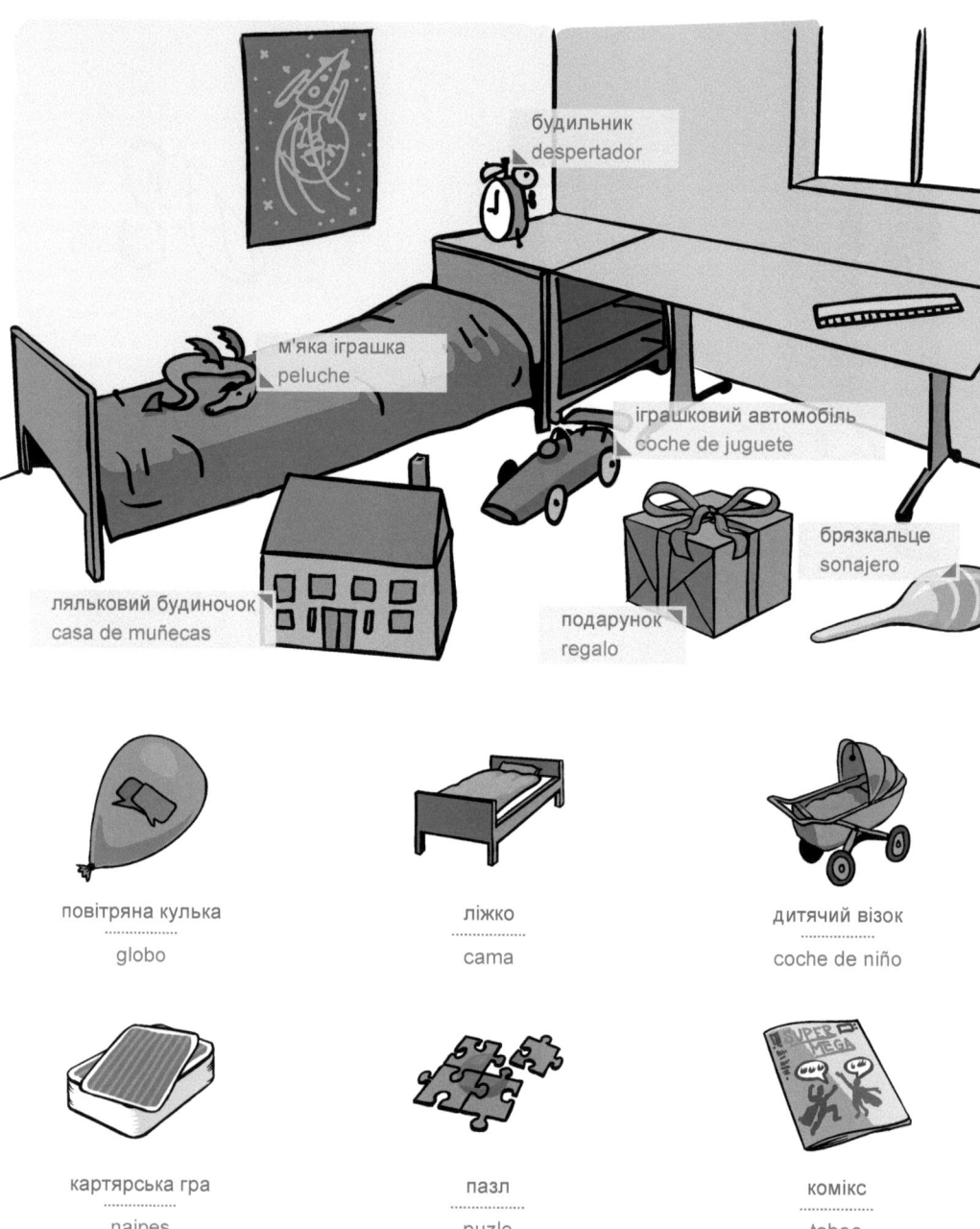

будильник
despertador

м'яка іграшка
peluche

іграшковий автомобіль
coche de juguete

ляльковий будиночок
casa de muñecas

подарунок
regalo

брязкальце
sonajero

повітряна кулька
globo

ліжко
cama

дитячий візок
coche de niño

картярська гра
naipes

пазл
puzle

комікс
tebeo

лего цеглинки

piezas de lego

блоки

bloques de juguete

іграшкова фігурка

figura de acción

повзунки

bodi (de bebé)

фризбі

frisbee

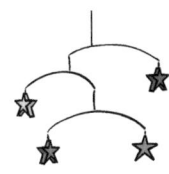

мобіле

colgador móvil para bebés

настільна гра

juego de mesa

кубик

dados

модель залізнична станція

circuito de tren eléctrico

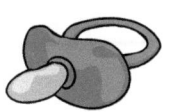

соска

maniquí

вечірка

fiesta

книжка з картинками

álbum de fotos

м'яч

pelota

лялька

muñeca

грати

jugar

пісочниця

cajón de arena

гойдалка

columpio

іграшка

juguetes

гральна консоль

videoconsola

триколісний велосипед

triciclo

плюшевий мішка

oso de peluche

шафа

guardarropa

одяг

ropa

шкарпетки

calcetines

панчохи

medias

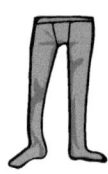

колготки

leotardos

шарф
bufanda

парасоля
paraguas

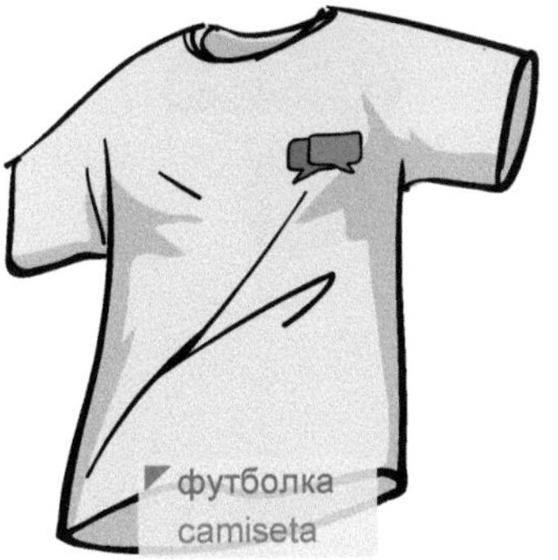

футболка
camiseta

ремінь
cinturón

чоботи
botas

домашнє взуття
zapatillas

кросівки
deportivas

сандалі
....
sandalias

взуття
....
zapatos

гумові чоботи
....
botas de goma

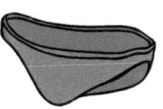

труси
....
slip

бюстгальтер
....
sostén

нижня сорочка
....
chaleco

боді
bodi

штани
pantalones

джинси
vaqueros

спідниця
falda

блузка
blusa

сорочка
camisa

пуловер
jersey

светр
suéter

піджак
blazer

куртка
chaqueta

пальто
abrigo

дощовик
gabardina

костюм
traje

сукня
vestido

весільна сукня
vestido de novia

костюм

traje

нічна сорочка

camisón

піжама

pijama

сарі

sari

головна хустка

bandana

чалма

turbante

бурка

burka

кафтан

caftán

абая

abaya

купальник

traje de baño

плавки

bañador

шорти

pantalones cortos

тренувальний костюм

chándal

фартух

delantal

рукавички

guantes

гудзик

botón

окуляри

gafas

браслет

brazalete

ланцюг

collar

кільце

anillo

сережка

pendiente

шапка

gorra

плічка

percha

капелюх

sombrero

краватка

corbata

застібка-блискавка

cremallera

шолом

casco

підтяжки

tirantes

шкільна форма

uniforme escolar

уніформа

uniforme

нагрудник

babero

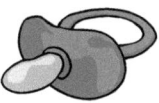

соска

maniquí

підгузок

pañal

офіс
oficina

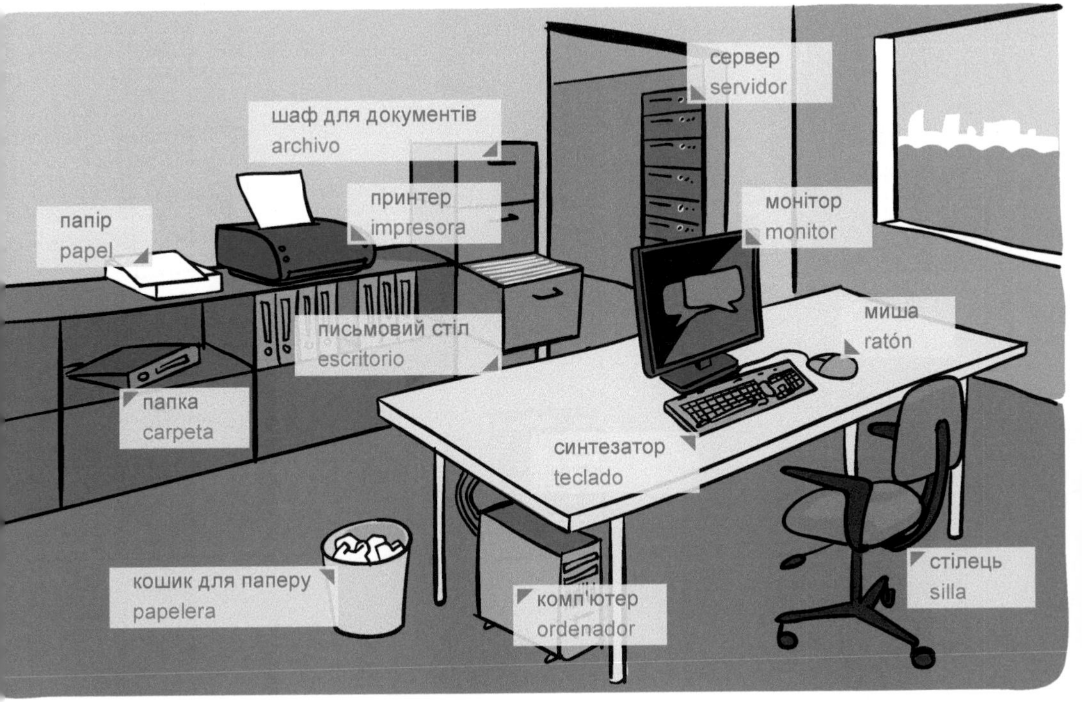

сервер
servidor

шаф для документів
archivo

принтер
impresora

монітор
monitor

папір
papel

письмовий стіл
escritorio

миша
ratón

папка
carpeta

синтезатор
teclado

кошик для паперу
papelera

стілець
silla

комп'ютер
ordenador

кавовий кухоль

taza de café

калькулятор

calculadora

інтернет

internet

ноутбук

portátil

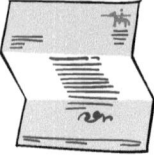

лист

carta

повідомлення

mensaje

мобільний телефон

móvil

мережа

red

копіювальний пристрій

fotocopiadora

програмне забезпечення

software

телефон

teléfono

розетка

toma de corriente

факс

fax

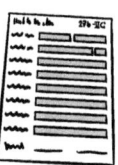

бланк

formulario

документ

documento

купувати

comprar

платити

pagar

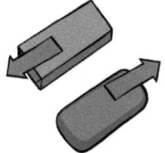

торгувати

comerciar

гроші

dinero

долар

dólar

євро

euro

ієна

yen

рубль

rublo

франк

franco suizo

юанів женьміньбі

renminbi yuan

рупія

rupia

банкомат

cajero automático

обмінний пункт

oficina de cambio de divisas

золото

oro

срібло

plata

нафта

petróleo

енергія

energía

ціна

precio

контракт

contrato

податок

impuesto

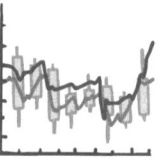

акція

acción

працювати

trabajar

працівник

empleado

роботодавець

empleador

фабрика

fábrica

магазин

tienda

поліцейський
agente de policía

пожежник
bombero

повар
cocinero

лікар
médico

пілот
piloto

садівник

jardinero

столяр

carpintero

швачка

costurera

суддя

juez

хімік

farmacéutico

актор

actor

водій автобуса

conductor de autobús

таксист

taxista

рибалка

pescador

прибиральниця

señora de la limpieza

покрівельник

techador

офіціант

camarero

мисливець

cazador

художник

pintor

пекар

panadero

електрик

electricista

будівельник

obrero

інженер

ingeniero

забійник

carnicero

бляхар

fontanero

листоноша

cartero

солдат

soldado

архітектор

arquitecto

касир

cajero

флорист

florista

перукар

peluquero

кондуктор

revisor

механік

mecánico

капітан

capitán

дантист

dentista

вчений

científico

рабин

rabino

імам

imán

монах

monje

пастор

sacerdote

інструменти
herramientas

молоток
martillo
щипці
alicates
викрутка
destornillador
гайковий ключ
llave
кишеньковий л
linterna

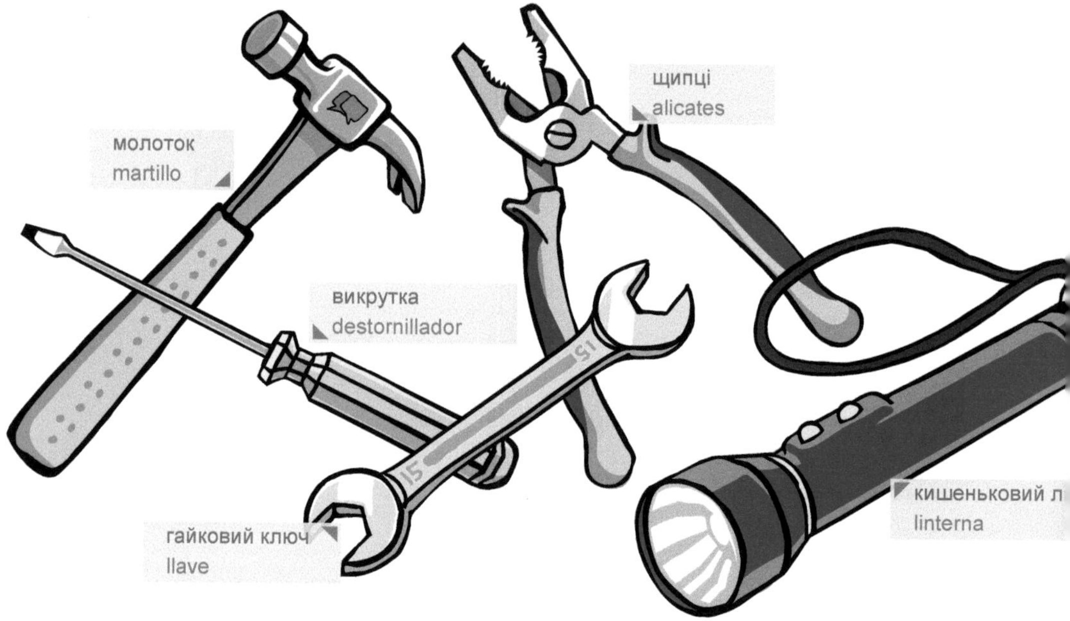

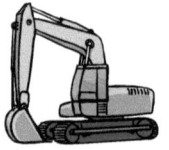

екскаватор

excavadora

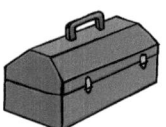

ящик для інструментів

caja de herramientas

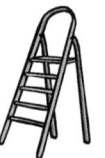

драбина

escalera de mano

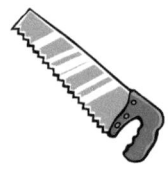

пилка

sierra

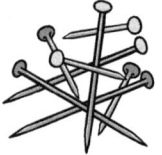

цвяхи

clavos

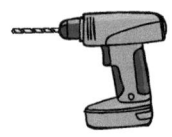

свердло

taladro

ремонтувати

reparar

лопата

pala

лайно!

¡Maldita sea!

совок

recogedor

відро з фарбою

bote de pintura

гвинти

tornillos

музичні інструменти
instrumentos musicales

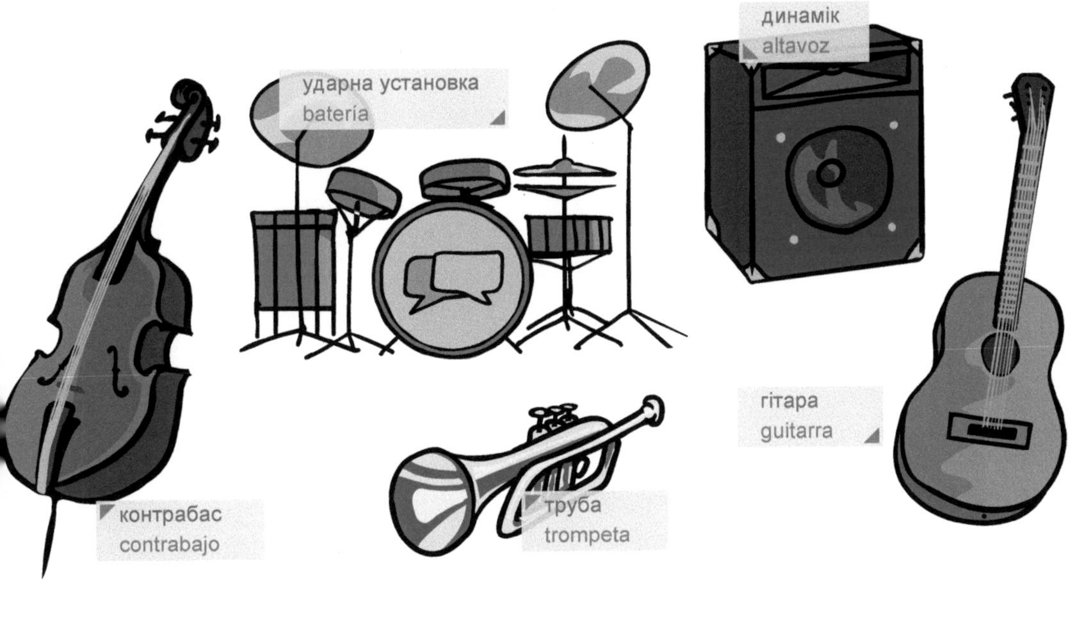

динамік
altavoz

ударна установка
bateria

гітара
guitarra

контрабас
contrabajo

труба
trompeta

фортепіано

piano

скрипка

violín

бас

bajo

литаври

timbales

барабан

tambor

клавіатура

teclado

саксофон

saxofón

флейта

flauta

мікрофон

micrófono

музичні інструменти - instrumentos musicales

зоопарк

zoo

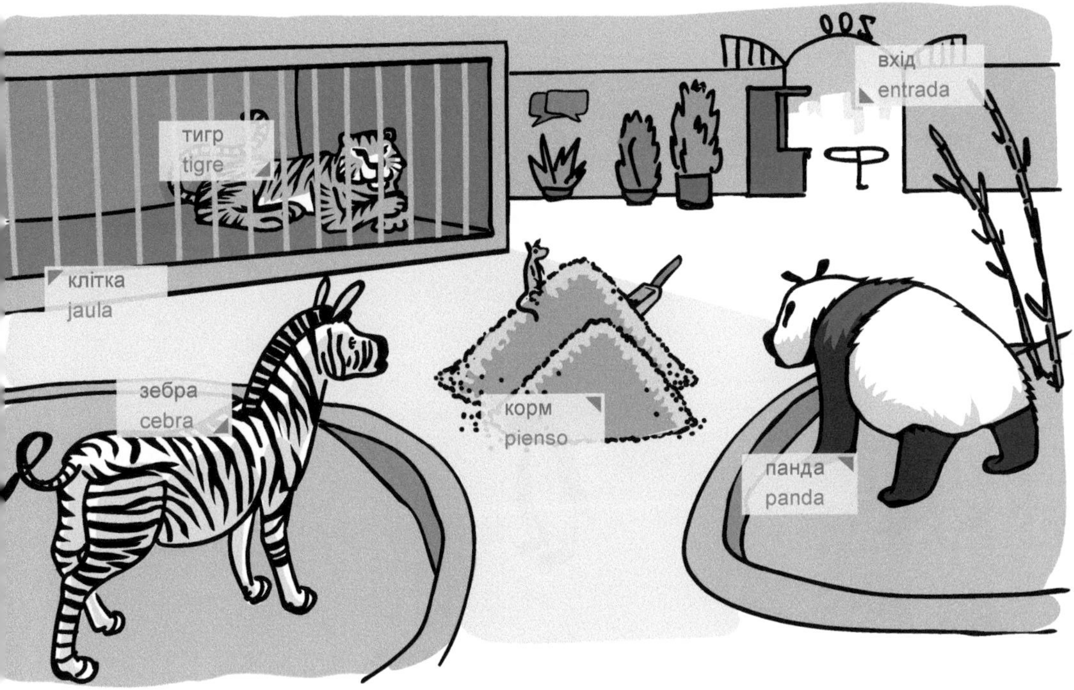
вхід
entrada
тигр
tigre
клітка
jaula
зебра
cebra
корм
pienso
панда
panda

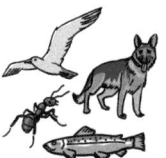

тварини

animales

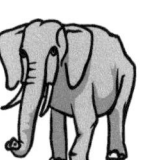

слон

elefante

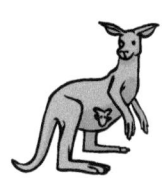

кенгуру

canguro

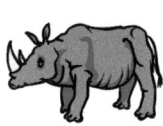

носоріг

rinoceronte

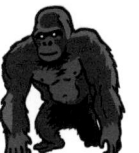

горила

gorila

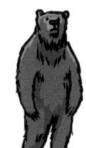

ведмідь

oso

верблюд

camello

страус

avestruz

лев

león

мавпа

mono

фламінго

flamingo

папуга

loro

білий ведмідь

oso polar

пінгвін

pingüino

акула

tiburón

павич

pavo real

змія

serpiente

крокодил

cocodrilo

працівник зоопарку

guardián de zoológico

тюлень

foca

ягуар

jaguar

поні
poni

леопард
leopardo

гіпопотам
hipopótamo

жираф
jirafa

орел
águila

кабан
jabalí

риба
pescado

черепаха
tortuga

морж
morsa

лисиця
zorro

газель
gacela

американський футбол
fútbol americano

їзда на велосипеді
ciclismo

теніс
tenis

баскетбол
baloncesto

плавання
natación

бокс
boxeo

хокей
hockey sobre hielo

футбол
fútbol

бадмінтон
bádminton

легка атлетика
atletismo

гандбол
balonmano

лижні перегони
esquí

поло
polo

дії
actividades

стрибати
saltar
обіймати
abrazar
сміятися
reír
йти
caminar
співати
cantar
мріяти
soñar
молитися
rezar
цілувати
besar

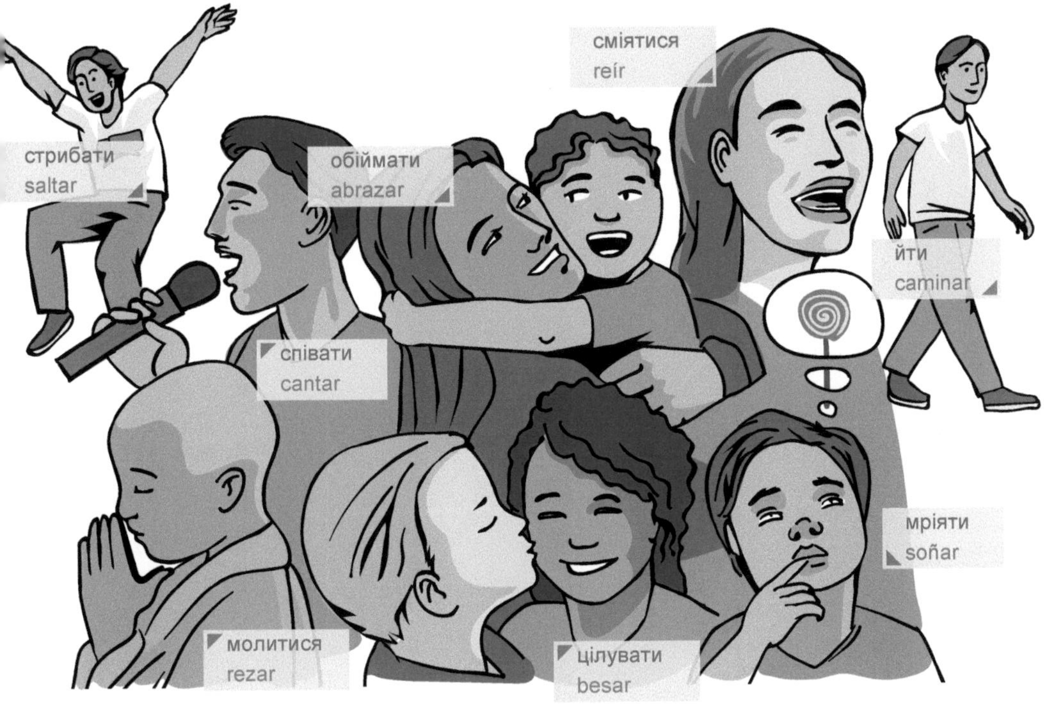

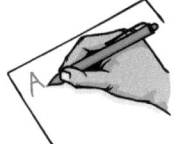

писати
escribir

малювати
dibujar

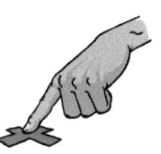

показувати
mostrar

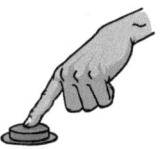

тиснути
empujar

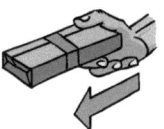

давати
dar

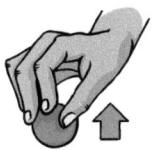

брати
tomar

мати
tener

робити
hacer

бути
ser

стояти
estar de pie

бігати
correr

тягнути
tirar

кидати
tirar

падати
caer

лежати
yacer

очікувати
esperar

носити
llevar

сидіти
estar sentado

одягати
vestirse

спати
dormir

просипатися
despertar

дивитися

mirar

плакати

llorar

гладити

acariciar

розчісувати

peinar

розмовляти

hablar

розуміти

entender

питати

preguntar

слухати

escuchar

пити

beber

їсти

comer

прибирати

ordenar

любити

amar

варити

cocinar

їхати

conducir

літати

volar

дії - actividades

йти під вітрилом

navegar

рахувати

calcular

читати

leer

вчитися

aprender

працювати

trabajar

одружуватися

casarse

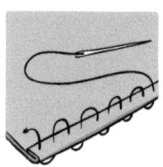

шити

coser

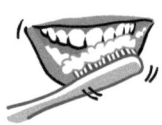

чистити зуби

cepillarse los dientes

убивати

matar

курити

fumar

посилати

enviar

бабуся
abuela

дідуся
abuelo

батько
padre

мати
madre

немовля
bebé

донька
hija

син
hijo

гість
invitado

тітка
tía

дядько
tío

брат
hermano

сестра
hermana

тіло

cuerpo

чоло
frente
око
ojo
плече
hombro
палець
dedo
обличчя
cara
підборіддя
barbilla
кисть
mano
груди
pecho
нога
pierna
рука
brazo

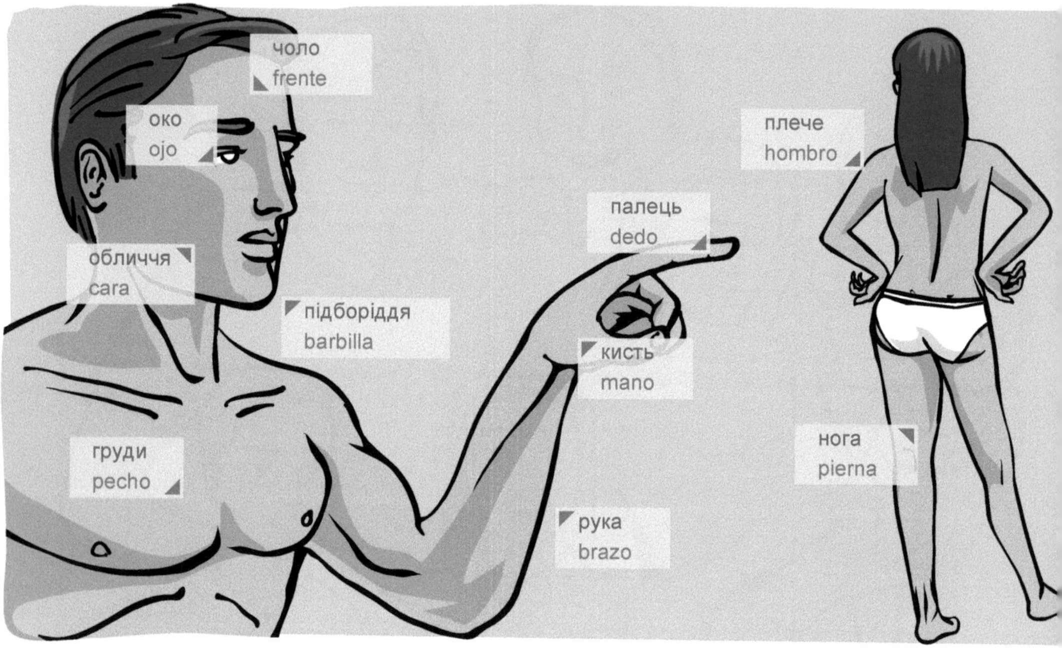

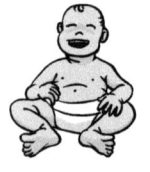

немовля

bebé

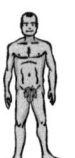

чоловік

hombre

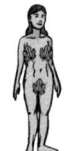

жінка

mujer

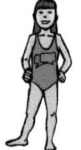

дівчина

chica

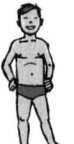

хлопчик

chico

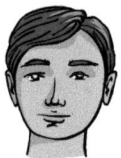

голова

cabeza

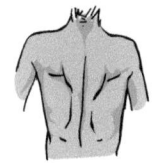

спина
espalda

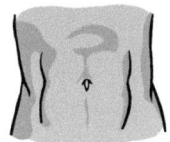

живіт
vientre

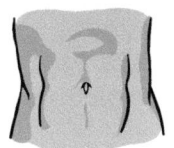

пуп
ombligo

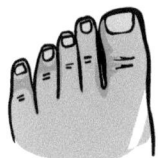

палець ноги
dedo del pie

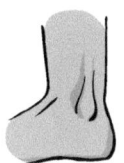

п'ята
talón

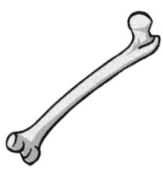

кістка
hueso

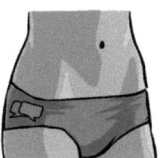

стегно
cadera

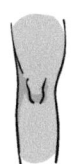

коліно
rodilla

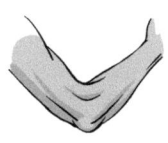

лікоть
codo

ніс
nariz

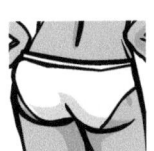

сідниці
trasero

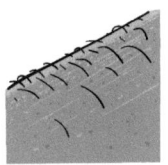

шкіра
piel

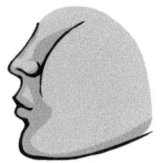

щока
mejilla

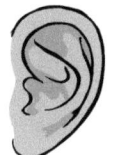

вухо
oído

губа
labio

рот

boca

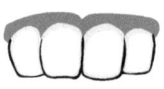

зуб

diente

язик

lengua

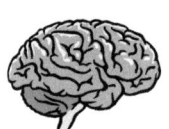

мозок

cerebro

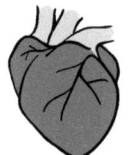

серце

corazón

м'яз

músculo

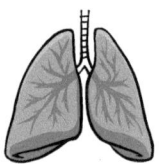

легені

pulmón

печінка

hígado

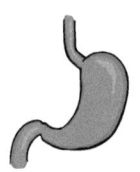

шлунок

estómago

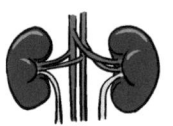

нирки

riñones

статевий акт

sexo

презерватив

condón

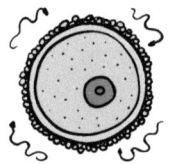

яйцеклітина

ovario

сперма

semen

вагітність

embarazo

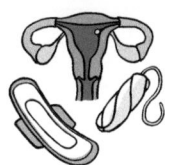

менструація

menstruación

вагіна

vagina

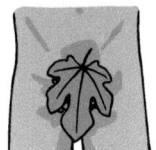

пеніс

pene

брова

ceja

волосся

pelo

шия

cuello

лікарня

hospital

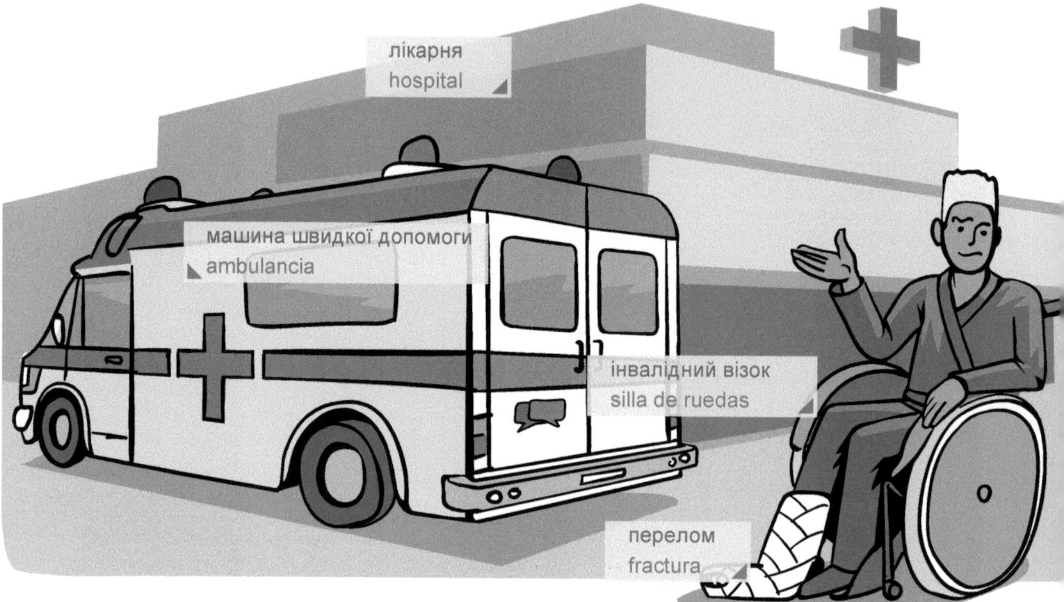

лікарня
hospital
машина швидкої допомоги
ambulancia
інвалідний візок
silla de ruedas
перелом
fractura

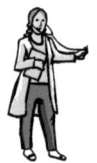

лікар

médico

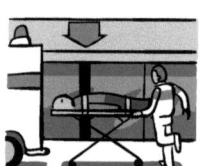

відділення швидкої медичної допомоги

sala de urgencias

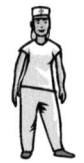

медсестра

enfermera

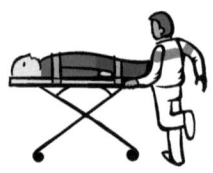

аварійний випадок

urgencia

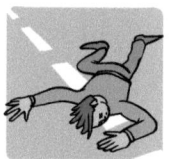

непритомний

inconsciente

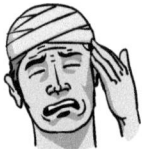

біль

dolor

травма

lesión

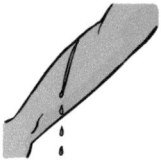

кровотеча

hemorragia

інфаркт

infarto

інсульт

ictus

алергія

alergia

кашель

tos

лихоманка

fiebre

грип

gripe

пронос

diarrea

головна біль

dolor de cabeza

рак

cáncer

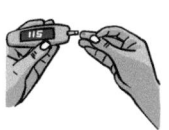

діабет

diabetes

хірург

cirujano

скальпель

bisturí

операція

operación

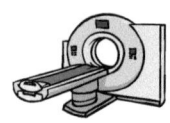

КТ

TAC

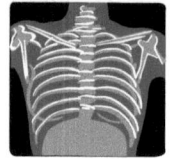

рентген

rayos x

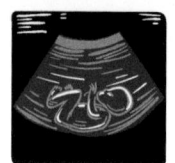

ультразвук

ultrasonido

маска

mascarilla

хвороба

enfermedad

зал очікування

sala de espera

милиця

muleta

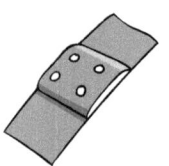

пластир

tirita

пов'язка

venda

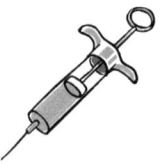

ін'єкція

inyección

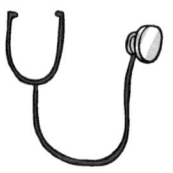

стетоскоп

estetoscopio

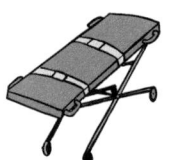

ноші

camilla

термометр

termómetro

народження

nacimiento

надмірна вага

sobrepeso

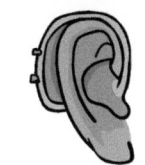

слуховий апарат

audífono

дезінфікуючий засіб

desinfectante

інфекція

infección

вірус

virus

ВІЛ / СНІД

VIH / SIDA

медицина

medicina

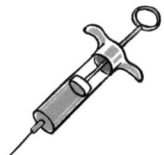

вакцинація

vacunación

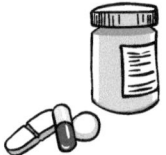

таблетки

tabletas

протизаплідна пігулка

pastilla

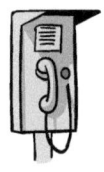

екстрений виклик

llamada de urgencia

тонометр

tensiómetro

хворий / здоровий

enfermo / sano

Допоможіть!

¡Socorro!

сигнал тривоги

alarma

напад

asalto

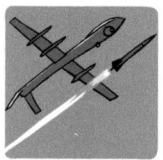

атака

ataque

небезпека

peligro

аварійний вихід

salida de emergencia

Вогонь!

¡Fuego!

вогнегасник

extintor de incendios

аварія

accidente

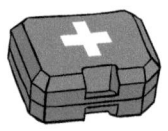

аптечка

botiquín de primeros
auxilios

СОС

SOS

поліція

policía

Європа

Europa

Північна Америка

Norteamérica

Південна Америка

Sudamérica

Африка

África

Азія

Asia

Австралія

Australia

Атлантика

Atlántico

Тихий океан

Pacífico

Індійський океан

Océano Índico

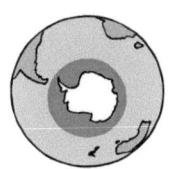

Антарктичний океан

Océano Antártico

Північний Льодовитий
океан

Océano Ártico

Північний полюс

polo norte

Південний полюс
polo sur

Антарктика
Antártida

Земля
tierra

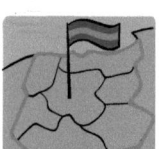

суша
tierra

море
mar

острів
isla

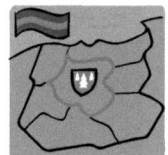

нація
nación

держава
estado

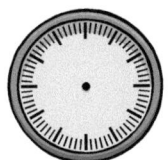

циферблат

esfera

годинникова стрілка

manecilla de las horas

хвилинна стрілка

minutero

секундна стрілка

segundero

Котра година?

¿Qué hora es?

день

día

час

tiempo

зараз

ahora

цифровий годинник

reloj digital

хвилина

minuto

година

hora

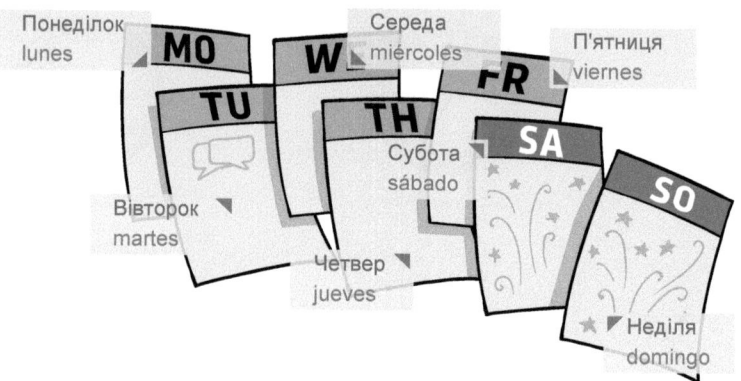

Понеділок
lunes

Середа
miércoles

П'ятниця
viernes

Вівторок
martes

Субота
sábado

Четвер
jueves

Неділя
domingo

вчора

ayer

сьогодні

hoy

завтра

mañana

ранок

mañana

опівдні

mediodía

вечір

tarde

MO	TU	WE	TH	FR	SA	SU
1	2	3	4	5	6	7
8	9	10	11	12	13	14
15	16	17	18	19	20	21
22	23	24	25	26	27	28
29	30	31	1	2	3	4

робочі дні

días laborables

MO	TU	WE	TH	FR	SA	SU
1	2	3	4	5	6	7
8	9	10	11	12	13	14
15	16	17	18	19	20	21
22	23	24	25	26	27	28
29	30	31	1	2	3	4

кінець робочого тижня

fin de semana

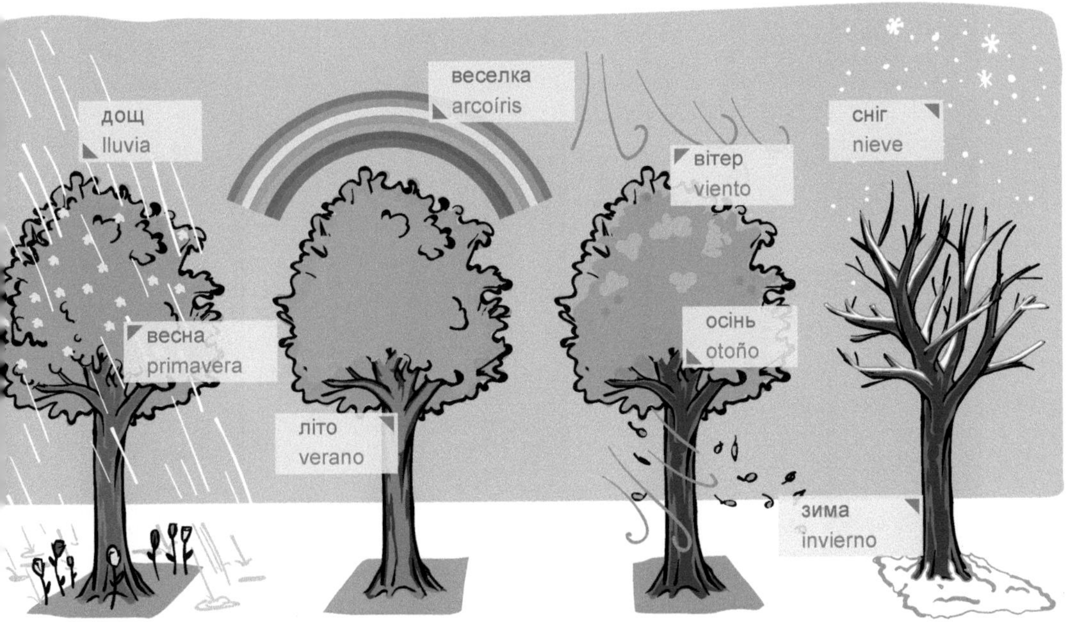

дощ
lluvia
веселка
arcoíris
вітер
viento
сніг
nieve
весна
primavera
літо
verano
осінь
otoño
зима
invierno

4.APRIL 11°
5.APRIL 4°
6.APRIL 13°
7.APRIL 8°
8.APRIL 10°

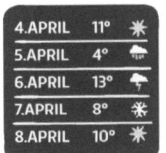

прогноз погоди

pronóstico del tiempo

F
C
120
90
60
30
0
-30
40
30
20
10
0
-10
-20

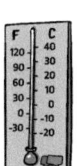

термометр

termómetro

сонячне світло

sol

хмара

nube

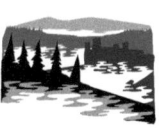

туман

niebla

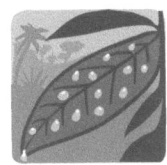

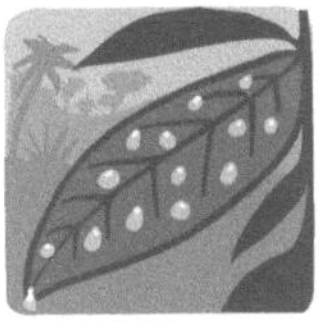

вологість повітря

humedad

блискавка

rayo

грім

trueno

шторм

tormenta

град

granizo

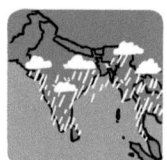

мусон

monzón

повінь

inundación

лід

hielo

Січень

enero

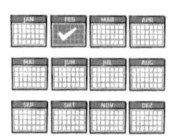

Лютий

febrero

Березень

marzo

Квітень

abril

Травень

mayo

Червень

junio

Липень

julio

Серпень

agosto

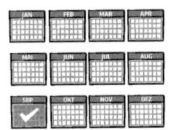

Вересень
....
septiembre

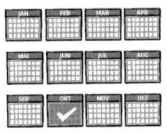

Жовтень
....
octubre

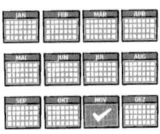

Листопад
....
noviembre

Грудень
....
diciembre

форми
formas

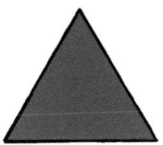

круг
....
círculo

квадрат
....
cuadrado

прямокутник
....
rectángulo

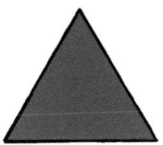

трикутник
....
triángulo

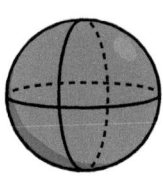

куля
....
esfera

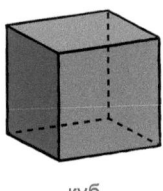

куб
....
cubo

білий
....
blanco

жовтий
....
amarillo

помаранчевий
....
anaranjado

рожевий
....
rosa

червоний
....
rojo

фіолетовий
....
morado

синій
....
azul

зелений
....
verde

коричневий
....
marrón

сірий
....
gris

чорний
....
negro

багато / мало

mucho / poco

лютий / мирний

enojado / tranquilo

гарний / бридкий

bonito / feo

початок / кінець

principio / fin

великий / малий

grande / pequeño

світлий / темний

claro / oscuro

брат / сестра

hermano / hermana

чистий / брудний

limpio / sucio

завершений /
незавершений
completo / incompleto

день / ніч

día / noche

мертвий / живий

muerto / vivo

широкий / вузький

ancho / estrecho

їстівний / неїстівний

comestible / no comestible

злий / дружній

malo / amable

збуджений / нудьгуючий

entusiasmado / aburrido

товстий / тонкий

gordo / delgado

спочатку / востаннє

primero / último

друг / ворог

amigo / enemigo

повний / порожній

lleno / vacío

жорсткий / м'який

duro / blando

важкий / легкий

pesado / ligero

голод / спрага

hambre / sed

хворий / здоровий

enfermo / sano

незаконний / законний

ilegal / legal

розумний / дурний

inteligente / tonto

вліво / вправо

izquierda / derecha

поруч / далеко

cerca / lejos

протилежності - opuestos

новий / використаний

nuevo / usado

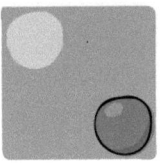

нічого / щось

nada / algo

старий / молодий

viejo / joven

вкл / викл

encendido / apagado

відкрито / закрито

abierto / cerrado

тихо / гучно

silencioso / ruidoso

багатий / бідний

rico / pobre

правильно / неправильно

correcto / incorrecto

шорсткий / гладкий

áspero / suave

сумний / щасливий

triste / contento

короткий / довгий

corto / largo

повільно / швидко

lento / rápido

вологий / сухий

húmedo / seco

гарячий / холодний

cálido / frío

війна / мир

guerra / paz

0

нуль

cero

1

один

uno

2

два

dos

3

три

tres

4

чотири

cuatro

5

п'ять

cinco

6

шість

seis

7

сім

siete

8

вісім

ocho

9

дев'ять

nueve

10

десять

diez

11

одинадцять

once

12

дванадцять

doce

13

тринадцять

trece

14

чотирнадцять

catorce

15

п'ятнадцять

quince

16

шістнадцять

dieciséis

17

сімнадцять

diecisiete

18

вісімнадцять

dieciocho

19

дев'ятнадцять

diecinueve

20

двадцять

veinte

100

сто

cien

1.000

тисяча

mil

1.000.000

мільйон

millón

числа - números

англійська

inglés

американська англійська

inglés americano

китайська
високочиновницька

chino mandarín

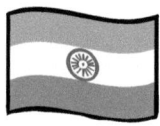

хінді

hindi

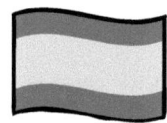

іспанська

español

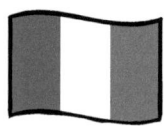

французька

francés

арабська

árabe

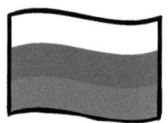

російська

ruso

португальська

portugués

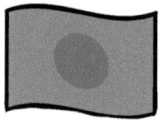

бенгальська

bengalí

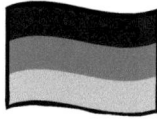

німецька

alemán

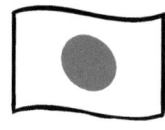

японська

japonés

я

yo

ти

tú

він / вона / воно

él / ella / ello

ми

nosotros/as

ви

vosotros/as

вони

ellos/as

хто?

¿quién?

що?

¿qué?

як?

¿cómo?

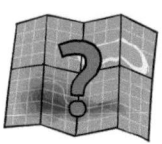

де?

¿dónde?

коли?

¿cuándo?

ім'я

nombre

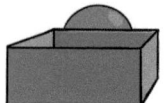

ззаду

detrás

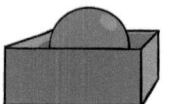

в

en

перед

delante de

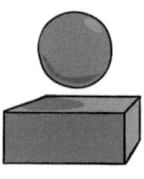

над

por encima de

на

sobre

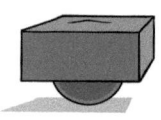

під

debajo de

біля

junto a

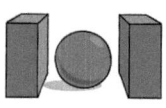

між

entre

місце

lugar